电网企业合规管理

百问百答

国网四川省电力公司　编

中国电力出版社
CHINA ELECTRIC POWER PRESS

图书在版编目（CIP）数据

电网企业合规管理百问百答 / 国网四川省电力公司编 . — 北京 : 中国电力出版社，2024.8

ISBN 978-7-5198-8737-7

Ⅰ . ①电…　Ⅱ . ①国…　Ⅲ . ①电网–企业法–中国–问题解答　Ⅳ . ① D922.291.915

中国国家版本馆 CIP 数据核字（2024）第 049925 号

出版发行：中国电力出版社
地　　址：北京市东城区北京站西街 19 号（邮政编码 100005）
网　　址：http://www.cepp.sgcc.com.cn
责任编辑：丁　钊（010-63412393）
责任校对：黄　蓓　李　楠
装帧设计：郝晓燕
责任印制：杨晓东

印　　刷：廊坊市文峰档案印务有限公司
版　　次：2024 年 12 月第一版
印　　次：2024 年 12 月北京第一次印刷
开　　本：880 毫米 ×1230 毫米　32 开本
印　　张：3
字　　数：68 千字
定　　价：48.00 元

本书编委会

主　任　衣立东

副主任　徐嘉龙　陈　强

成　员　栗　璐　肖乃慎　石长清　曾　强　张　强
龚　建　王槐川　应成荣　陈　祥　鄢长根
安　宁　胡　风　王中华　柏　松

本书编写组

朱　磊　李会芝　徐卓悦　刘辰梅　朱恒雪
陈　晨　邱晨曦　王　植　何　燕　吴　倩
高春露　吴亚鹏　谢松谷　韩雨江　黄译萱
文阳凯　邓皓天　古元彬　熊　伟　王　重
黄怀伟　袁　伟　赵萌萌　晏　诚　李　琅
何小玄　杨啸舒　肖　源　曹　霞

前　言

2022年8月，国务院国资委第一次针对合规管理发布部门规章——《中央企业合规管理办法》，从组织体系、制度体系、运行机制、文化建设、监督问责等方面作出详细规定，对中央企业提出“设立首席合规官”“设置合规管理员”“定期开展合规评价”“建立违规行为记录制度”等刚性要求，将合规管理工作要求提档升级。2023年3月，国务院国资委组织召开中央企业深化法治建设加强合规管理工作会议，强调加强合规管理是中央企业法治工作的重中之重，要把握和处理好“四个关系”（即少数与多数的关系、牵头与主责的关系、守正与创新的关系、重点与全面的关系）。2023年4月，国家电网有限公司（简称“国家电网公司”）深入贯彻习近平法治思想、落实全面依法治国战略部署和法治央企建设要求，修订印发《国家电网有限公司合规管理办法》。2023年12月，国网四川省电力公司（以下简称“公司”）同步修订合规管理实施细则。

本书以合规管理顶层设计为基础，以问题和实用为导向，采用“一问一答”的形式编写，全面梳理了《中央企业合规管理办法》《国家电网有限公司合规管理办法》《国网四川省电力公司合规管理实施细则》等系列内外部合规管理规定，系统回答了什么是合规管理、如何建立健全合规管理、怎样规范和加强合规管理等重点焦点问题。希望本书能助力各单位进一步提升合规风险防控能力和合规管理水平，持续擦亮“法治川电”合规品牌，围绕公司建设现代双一流发展目标，为着力打造法治央企排头兵，实现公司高质量发展提供法治保障。

目 录

第一章

合规管理概述

矩不正，不可为方；规不正，不可为圆。

《淮南子·诠言训》

信用就像一面镜子，

只要有了裂痕就不能像原来那样连成一片。

（瑞士）阿米尔

1. 合规是什么?

答:"合规"一词语是由英文"Compliance"翻译而来,最早在金融行业里普遍使用,在此基础上,巴塞尔委员会最早提出了"合规"理念,随后"合规"的概念开始被其他行业广泛使用。

合规是指公司经营管理行为和员工履职行为符合有关法律法规、监管规定、行业准则和公司章程、规章制度以及国际条约、规则等要求。

相关规定检索

《中央企业合规管理办法》第三条

《中央企业合规管理指引(试行)》第二条

《企业境外经营合规管理指引》第三条

《经营者反垄断合规指南》第三条

《国家电网有限公司合规管理办法》第二条

《国网四川省电力公司合规管理实施细则》第二条

2. 合规管理是什么?

合规管理起源于美国肇始于美国的海外反腐。1972 年尼克松的"水门事件"促成 1977 年国会通过《反海外腐败法》,首次对公司内部管理做出反腐败的规范性要求。

合规管理是指以倡导合规经营价值观为导向，以有效防控合规风险为目的，以公司经营管理行为和员工履职行为为对象，开展包括建立合规制度、完善运行机制、培育合规文化、强化监督问责等有组织、有计划的管理活动。

相关规定检索

《中央企业合规管理办法》第三条

《中央企业合规管理指引（试行）》第二条

《企业境外经营合规管理指引》第三条

《经营者反垄断合规指南》第三条

《国家电网有限公司合规管理办法》第二条

《国网四川省电力公司合规管理实施细则》第二条

3. 合规管理工作应当遵循什么原则？

答：（1）坚持党的领导。充分发挥公司党委领导作用，落实全面依法治国战略部署及法治央企建设有关要求，把党的领导贯穿合规管理全过程。

（2）坚持全面覆盖。将合规要求嵌入生产经营管理各领域、各环节，贯穿决策、执行、监督全过程，落实到各部门、各单位和全体员工，实现多方联动、上下贯通。

（3）坚持权责清晰。按照“管业务必须管合规”要求，明确业务及职能部门、合规管理部门和监督部门职责，严格落实员工合规责任，对违规行为严肃问责。

（4）坚持务实高效。建立健全符合公司实际的合规管理体系，强调关口前移、事前防范和过程控制，突出对重点领域、关键环节和重要人员的管理，建立健全协同运作机制，充分利用大数据等信息化手段，切实提高管理效能。

相关规定检索

《中央企业合规管理办法》第五条

《国家电网有限公司合规管理办法》第四条

《国网四川省电力公司合规管理实施细则》第四条

第二章

合规管理组织和职责

悬衡而知平，设规而知圆。

韩非（战国）《韩非子·饰邪》

法者，治之端也。

荀况（战国）《荀子·君道》

4. 党委推动合规要求在本企业得到严格遵循和落实中，应发挥什么样的作用？

答：党的二十大报告指出，要坚持和加强党的全面领导。坚决维护党中央权威和集中统一领导，把党的领导落实到党和国家事业各领域各方面各环节。

在公司合规管理工作中，公司党委发挥把方向、管大局、保落实的领导作用，推动合规要求在本企业得到严格遵循和落实，不断提升依法合规经营管理水平。

相关规定检索

《中央企业合规管理办法》第七条

《国家电网有限公司合规管理办法》第五条

《国网四川省电力公司合规管理实施细则》第五条

5. 公司董事会在合规管理中的作用和职责是什么？

答：公司董事会发挥定战略、作决策、防风险作用，主要履行以下职责：

（1）负责审议批准公司合规管理基本制度、体系建设方案和年度报告。

（2）负责推动完善公司合规管理体系并对其有效性进行评价。

（3）决定公司合规管理部门的设置和职责。

（4）研究决定公司合规管理其他有关重大事项。

相关规定检索

《中央企业合规管理办法》第八条

《中央企业合规管理指引（试行）》第五条

《国家电网有限公司合规管理办法》第六条

《国网四川省电力公司合规管理实施细则》第六条

6. 公司监事会在合规管理中的作用和职责是什么？

答： 公司监事会发挥监督、督导作用，主要履行以下职责：

（1）负责监督董事会的决策与流程是否合规。

（2）负责监督董事和高级管理人员合规管理职责履行情况。

（3）负责对引发重大合规风险负有主要责任的董事、高级管理人员提出罢免建议。

（4）负责向党委提出撤换公司首席合规官的建议。

相关规定检索

《中央企业合规管理指引（试行）》第六条

《国家电网有限公司合规管理办法》第七条

《国网四川省电力公司合规管理实施细则》第七条

7. 公司经理层在合规管理中的作用和职责是什么？

答：公司经理层发挥谋经营、抓落实、强管理作用，主要履行以下职责：

（1）拟订合规管理体系建设方案，经董事会批准后组织实施。

（2）拟订合规管理基本制度、批准年度计划等，组织制订合规管理具体制度。

（3）负责向董事会报告年度工作，落实董事会决定，建立健全公司合规管理组织架构。

（4）负责明确公司合规管理流程，采取措施推动合规制度得到有效执行。

（5）组织应对较大级及以上合规风险与违规事件。

（6）负责及时制止并纠正不合规的经营行为，按权限对违规事件进行责任追究或提出处理建议。

（7）指导监督各部门和所属单位合规管理工作。

（8）经董事会授权的其他事项。

相关规定检索

《中央企业合规管理办法》第九条

《中央企业合规管理指引（试行）》第七条

《国家电网有限公司合规管理办法》第八条

《国网四川省电力公司合规管理实施细则》第八条

8. 公司各单位主要负责人的合规管理职责是什么？

答：公司各级单位主要负责人作为本单位推进法治建设（合规管理）第一责任人，应当切实履行依法合规经营管理重要组织者、推动者和实践者的职责，积极推进合规管理各项工作。

相关规定检索

《中央企业合规管理办法》第十条

《国家电网有限公司合规管理办法》第九条

《国网四川省电力公司合规管理实施细则》第九条

9. 合规委员会的职责是什么？

答：设立合规委员会，与法治建设领导机构合署，合规委员会按规定或经授权承担以下职责：

（1）负责公司合规管理的组织领导和统筹协调。

（2）负责审议公司合规管理年度计划、年度报告等重大事项。

（3）负责审议公司合规管理的相关制度。

（4）负责推动各专业制度建设，促进合规管理要求融入业务过程。

（5）负责督导公司合规文化建设。

（6）负责指导、监督各单位合规管理工作，审议对各单位合规年度考核意见。

（7）负责及时制止并纠正不合规的经营行为，按照权限提出对违规人员责任追究的处理建议。

（8）经董事会或经理层授权的其他事项。

相关规定检索

《中央企业合规管理办法》第十一条

《中央企业合规管理指引（试行）》第八条

《国家电网有限公司合规管理办法》第十条

《国网四川省电力公司合规管理实施细则》第十条

10. 公司首席合规官设置要求是什么?

答：2021 年国际标准化组织印发的《合规管理体系要求及使用指南》(ISO 37301:2021) 明确规定：应当指定一人对合规管理体系运行负有职责、享有权限。世界银行、经合组织等国际组织鼓励企业设立首席合规官，并作为评估合规管理水平的重要指标。

公司各级单位应当设立首席合规官，首席合规官由本单位党委决定任免，对公司主要负责人负责。

相关规定检索

《中央企业合规管理办法》第十二条

《国家电网有限公司合规管理办法》第十一条

《国网四川省电力公司合规管理实施细则》第十一条

11. 公司首席合规官的职责是什么?

答：公司首席合规官领导合规管理部门开展相关工作，指导所属单位加强合规管理，具体履行以下职责：

(1) 负责组织编制公司合规管理基本制度、体系建设方案、年度计划、年度报告，参与有关具体制度制定。

(2) 负责向合规委员会汇报合规管理重大事项。

(3) 负责签发公司重要制度制定、重大决策、重大合同订立等重点环节业务的合规性审核意见。

(4) 参与公司重大决策会议并提出合规意见。

（5）参与公司较大级及以上违规事件的处置并提出意见建议。

（6）经合规委员会授权的其他事项。

相关规定检索

《中央企业合规管理办法》第十二条

《国家电网有限公司合规管理办法》第十一条

《国网四川省电力公司合规管理实施细则》第十一条

12. 合规管理第一道防线职责是什么？

答：国务院国资委在发布《中央企业合规管理办法》时说明，加强合规审查是规范经营行为、防范违规风险的第一道关口，合规审查做到位就能从源头上防住大部分合规风险。

公司业务及职能部门是合规管理第一道防线，承担本业务领域合规管理主体责任，主要履行以下职责：

（1）建立健全本部门业务合规管理制度和流程，开展合规风险识别评估，编制风险库和应对预案。

（2）定期梳理重点岗位合规风险，将合规要求纳入岗位职责。

（3）负责对本业务领域的规划、制度、文件、项目、决策、合同等进行合规审查。

（4）负责按规定组织或配合参与违规事件处置。

（5）负责向合规委员会办公室报告本业务领域合规风险及事件，并通报相关部门、单位。

（6）负责督促指导各单位在本业务领域的合规管理工作。

（7）负责对本业务领域员工进行合规培训。

（8）负责对本业务领域的相关商业伙伴进行合规尽职调查，开展合规培训或告知公司相关合规要求等。

（9）负责向合规委员会办公室报送本业务领域合规管理年度计划、年度合规工作总结。

（10）负责编制本业务领域合规管理指南（手册）。

（11）组织或者配合开展违规问题调查和整改。

（12）其他相关合规管理工作。

相关规定检索

《中央企业合规管理办法》第十三条

《中央企业合规管理指引（试行）》第十一条

《国家电网有限公司合规管理办法》第十二条

《国网四川省电力公司合规管理实施细则》第十二条

13. 公司各级单位的业务及职能部门负责人职责是什么？

答：公司各级单位的业务及职能部门负责人是本部门合规管理第一责任人，主要履行以下职责：

（1）推动落实第一道防线业务及职能部门职责。

（2）在本部门选取业务骨干担任合规管理员，并授权其履行本部门合规管理具体牵头职责。

相关规定检索

《国网四川省电力公司合规管理实施细则》第十三条

14. 合规管理第二道防线职责是什么？

答： 公司法律合规部门是合规管理第二道防线，协助首席合规官开展工作，并履行合规委员会办公室职责，承担合规管理牵头责任，主要履行以下职责：

（1）负责起草公司合规管理体系建设方案、年度计划和年度报告。

（2）负责起草公司合规管理基本制度和相关制度，指导或协助业务及职能部门制定合规管理具体制度。

（3）负责常态化组织合规管理工作的督导、检查与考评，推动纪检机构和审计、巡察、监督追责等部门工作中反馈的违法违规问题整改，防止屡查屡犯。

（4）负责对公司重要制度制定、重大决策、重大合同订立等重点环节业务进行合规性审核，并出具书面意见。

（5）组织开展合规风险识别、预警和应对处置，根据董事会授权定期开展合规管理体系有效性评价。

（6）负责受理职责范围内的违规举报，提出分类处置意见，组织或参与对违规行为的调查。

（7）负责组织或协助业务及职能部门开展合规培训，受理合规咨询，推进公司合规文化和合规管理信息化建设。

（8）负责组织实施公司部分重点领域合规管理工作。

（9）负责提出各单位合规管理年度考核建议。

（10）负责汇总编制公司合规管理指南（手册）。

（11）公司合规委员会交办的其他工作。

相关规定检索

《中央企业合规管理办法》第十四条

《中央企业合规管理指引（试行）》第十条

《国家电网有限公司合规管理办法》第十三条

《国网四川省电力公司合规管理实施细则》第十四条

15. 合规管理第三道防线职责是什么?

答：公司及各级单位纪检机构和审计、巡察、监督追责等部门是合规管理第三道防线，是公司合规管理监督部门，负责在职责范围内对合规要求落实情况进行监督，对违规行为进行调查，按照规定开展责任追究。

各监督部门应将监督过程中发现的各单位违规问题定期通报合规委员会办公室。

相关规定检索

《中央企业合规管理办法》第十五条

《中央企业合规管理指引（试行）》第十一条

《国家电网有限公司合规管理办法》第十四条

《国网四川省电力公司合规管理实施细则》第十五条

16. 公司合规管理员产生方式及其职责是什么？

答：合规管理员是指公司各级单位业务及职能部门中，受本部门负责人委托具体负责、具体牵头开展本部门合规管理工作的人员，是公司合规管理队伍重要组成部分。业务部门合规管理员肩负着本部门合规审查重任，必须熟悉本部门业务，并熟悉业务领域范围相关法律法规、监管规定、行业准则、规章制度等合规相关知识，方能确保合规审查质量，因而应由业务骨干担任，主要履行下列职责：

（1）负责组织收集本业务领域相关新的法律法规、监管规定、行业准则、规章制度等合规相关资料。

（2）负责做好公司合规管理工作部署和信息通报。

（3）负责本部门合规风险识别、评估、预警、整改、评价及报告等工作的督促和指导。

（4）负责协调推进本部门合规管理培训和合规文化建设。

（5）对本部门合规审查意见进行复核。

（6）负责与合规管理部门联络合规管理相关工作。

（7）本部门其他相关合规管理工作。

相关规定检索

《国家电网有限公司合规管理办法》第十二条、第十五条

《国网四川省电力公司合规管理实施细则》第十三条、第十六条

17. 公司全体员工的合规管理职责是什么？

答：公司全体员工承担以下合规管理职责：

（1）签订合规承诺书，接受合规培训。

（2）遵守合规行为准则，坚持合规从业，对自身行为的合规性承担直接责任。

（3）主动识别、报告、控制履职过程中的合规风险。

（4）监督和举报违规行为。

相关规定检索

《国家电网有限公司合规管理办法》第十六条

《国网四川省电力公司合规管理实施细则》第十七条

第三章

重点领域合规要求

抱法处势则治，背法去势则乱。

《韩非子·难势》

匠万物者以绳墨为正，驭大国者以法理为本。

《南齐书·孔稚珪传》

法者，天下之程式也，万事之仪表也。

《管子·明法解》

18. 公司合规管理重点领域包含哪些？

答：公司加强电网及上下游产业领域合规管理，由业务部门牵头、合规管理部门支撑，配合开展如下重点领域工作：安全环保、决策管理、投资并购、电网工程、采购管理、供电服务、调度交易、财务税收、劳动用工、知识产权、网络安全与数据管理、反垄断、反商业贿赂、关联交易、后勤管理及其他需要重点关注的领域。

相关规定检索

《国家电网有限公司合规管理办法》第十七条

《国网四川省电力公司合规管理实施细则》第十八条

19. 公司安全环保领域主要合规要求是什么？

答：严格执行国家安全生产、职业卫生和环境保护、水土保持等法律法规，完善公司生产规范和安全环保制度，严防工程转包和违规分包，加强监督检查，及时发现并整改违规问题。

相关规定检索

《中央企业合规管理指引（试行）》第十三条第二款

《国家电网有限公司合规管理办法》第十七条第一款

《国网四川省电力公司合规管理实施细则》第十八条第一款

20. 公司决策管理领域主要合规要求是什么？

答：严格遵守和执行国家关于依法依规决策相关规定，未经合法合规性审查审核，或经审查审核不合法合规的，不得提交决策机关讨论。

相关规定检索

《国网四川省电力公司合规管理实施细则》第十八条第二款

21. 公司投资并购领域主要合规要求是什么？

答：围绕企业经营发展目标，遵循国企改制改革政策要求，在实施企业改革、公司上市、投融资，以及其他投资并购工作中做好合规调查、论证、审查等工作，规范相关合同的签订和履行，有效防控合规风险，确保国有资产保值增值。

相关规定检索

《国家电网有限公司合规管理办法》第十七条第二款

《国网四川省电力公司合规管理实施细则》第十八条第三款

22. 公司电网工程领域主要合规要求是什么?

答：健全电网建设、电网运维前期、施工、验收等各环节管理制度，妥善处理内外部法律关系，严格落实工程建设管理、运维管理要求，严防工程转包和违规分包，确保工程质量。

相关规定检索

《国家电网有限公司合规管理办法》第十七条第三款

《国网四川省电力公司合规管理实施细则》第十八条第四款

23. 公司采购管理领域主要合规要求是什么?

答：健全招标、非招标采购制度，强化制度执行，严禁应招未招、虚假招标行为，严格履行非招标采购的审批流程，强化依法合规采购，完善对供应商在采购中失信行为处理机制。

相关规定检索

《国家电网有限公司合规管理办法》第十七条第四款

《国网四川省电力公司合规管理实施细则》第十八条第五款

24. 公司供电服务领域主要合规要求是什么？

答： 严格遵守国家供电服务监管和优化电力营商环境工作相关要求；完善并遵守对用电客户的供电服务承诺；严禁“三指定”、乱收费、“吃拿卡要”、无故拖延送电等行为；及时处理投诉举报信息，健全办电、抢修等服务回访、即时协调机制；依法追缴欠费，严格落实反不正当竞争等要求；严格落实国家政策，规范执行电力市场化改革政策。

相关规定检索

《国家电网有限公司合规管理办法》第十七条第五款

《国网四川省电力公司合规管理实施细则》第十八条第六款

25. 公司调度交易领域主要合规要求是什么？

答：严格遵守和执行国家法律法规要求和市场交易规则，建立健全自律诚信体系，全面规范电力交易，强化落实“三公”调度；依法合规开展并网管理，严格执行调度运行标准化流程。

相关规定检索

《国家电网有限公司合规管理办法》第十七条第六款

《国网四川省电力公司合规管理实施细则》第十八条第七款

26. 公司财务税收领域主要合规要求是什么？

答：健全完善财务内部控制体系，严格执行财务事项操作和审批流程，严守财经纪律，强化依法纳税意识，严格遵守税收法律法规和政策规定。

相关规定检索

《国家电网有限公司合规管理办法》第十七条第七款

《国网四川省电力公司合规管理实施细则》第十八条第八款

27. 公司劳动用工领域主要合规要求是什么？

答：严格遵守劳动用工法律法规，健全完善劳动用工合同管理制度，规范劳动用工合同签订、履行、变更和解除，严防各种违规劳务分包，确保公司依法合规用工。

相关规定检索

《国家电网有限公司合规管理办法》第十七条第八款

《国网四川省电力公司合规管理实施细则》第十八条第九款

28. 公司知识产权领域主要合规要求是什么？

答：加强对商业秘密、专利和商标等知识产权的保护，及时确权公司知识产权，规范实施许可和转让；依法规范使用他人知识产权，防止侵权行为。

相关规定检索

《国家电网有限公司合规管理办法》第十七条第九款

《国网四川省电力公司合规管理实施细则》第十八条第十款

29. 公司网络安全与数据管理领域主要合规要求是什么?

答：依法保护业务数据与客户信息安全，做好相关网络与信息系统的安全防护，建立网络安全与数据安全事件的应急响应预案，防范因网络攻击、网络侵入，以及违规数据处理、数据泄露等导致的合规风险。

相关规定检索

《国家电网有限公司合规管理办法》第十七条第十款

《国网四川省电力公司合规管理实施细则》第十八条第十一款

30. 公司反垄断领域主要合规要求是什么?

答：严格落实国家反垄断法律法规、规章和政策，规范经营管理行为，严禁实施“与其他经营者达成垄断协议”“滥用市场支配地位”“排除、限制竞争效果的经营者集中”等行为。

相关规定检索

《国家电网有限公司合规管理办法》第十七条第十一款

《国网四川省电力公司合规管理实施细则》第十八条第十二款

31. 公司反商业贿赂领域主要合规要求是什么？

答：坚决反对商业贿赂，不得为获取商业机会和利益向他人给予好处；坚持廉洁自律，在商务活动中不得收受、索取他人的好处或假公济私，损害公司利益。

相关规定检索

《国家电网有限公司合规管理办法》第十七条第十二款

《国网四川省电力公司合规管理实施细则》第十八条第十三款

32. 公司关联交易领域主要合规要求是什么？

答：遵守国家相关规定，不得利用关联交易非法转移企业经济利益或操纵管理企业的利润，按照公平合理交易原则开展交易活动，以及资产重组和资本运作等。

相关规定检索

《国网四川省电力公司合规管理实施细则》第十八条第十四款

33. 公司后勤管理领域主要合规要求是什么？

答：建立健全小型基建、生产辅助技改大修项目、办公用房、公务用车、公有住房管理规章制度，提升规范管理水平；严禁违规用车、超标准用房。

相关规定检索

《国网四川省电力公司合规管理实施细则》第十八条第十五款

34. 公司有关第三方合规管理基本要求是什么？

答：公司各级单位应加强对第三方商业合作伙伴的合规管理，在引入前应开展合规调查；在审查潜在商业合作伙伴资质资格材料时，要求其提供建立合规管理体系，满足国家电网公司合规管理标准或获得合规管理认证（第三方机构或公司认证均可）等佐证材料；签约时应签署合规协议，要求其作出合规承诺；履约中及时识别、评估其合规状态，并采取措施防范合规风险；履约后，及时对其履约能力、合规状态持续情况、合规义务履行情况等综合评估，并将评估结果作为供应商库或后续是否继续合作的重要考量因素。

公司合规管理认证制度、标准由公司合规管理办公室牵头拟定，公司合规委员会审议印发。

相关规定检索

《国网四川省电力公司合规管理实施细则》第十九条

第四章

合规管理制度建设

仁圣之本，在乎制度而已。

白居易

不以规矩，不能成方圆。

《孟子·离娄上》

有道之君，行治修制，先民服也。

《管子》

35. 公司涉及合规管理的外部规范主要有哪些？

答： 截至 2024 年 8 月，公司涉及合规管理的外部规范见表 4–1。

表 4–1　　主要合规管理外部规范清单表

名称	文件性质	发布机关	施行时间
中央企业合规管理指引（试行）	规范性文件	国务院国资委	2018 年 11 月 2 日
企业境外经营合规管理指引	规范性文件	国家发展改革委、外交部、商务部、中国人民银行、国务院国资委、外汇局、全国工商联	2018 年 12 月 26 日
中央企业合规管理系列指南	规范性文件	国务院国资委政策发改局	2020 年 11 月 10 日
ISO 37301:2021 合规管理体系要求及使用指南	国际标准	ISO/TC309 技术委员会	2021 年 4 月 13 日
关于建立涉案企业合规第三方监督评估机制的指导意见（试行）	规范性文件	全国工商联办公厅、最高人民检查院办公厅、司法部办公厅、财政部办公厅、生态环境部办公厅、国务院国资委办公厅、国家税务总局办公厅、国家市场监管总局办公厅、中国国际贸易促进委员会办公厅	2021 年 6 月 3 日
企业境外反垄断合规指引	规范性文件	国家市场监管总局	2021 年 11 月 15 日
中央企业合规管理办法	部门规章	国务院国资委	2022 年 10 月 1 日

续表

名称	文件性质	发布机关	施行时间
GB/T 35770—2022 合规管理体系要求及使用指南	国家标准	国家市场监管总局、国家标准化管理委员会	2022 年 10 月 12 日
经营者集中反垄断合规指引	规范性文件	国家市场监管总局	2023 年 9 月 5 日
关于行业协会的反垄断指南	规范性文件	国务院反垄断反不正当竞争委员会办公室	2024 年 1 月 10 日
经营者反垄断合规指南	规范性文件	国务院反垄断反不正当竞争委员会	2024 年 4 月 26 日

36. 公司及各级单位的合规管理制度体系应该包含哪些制度类型？

答：公司及各级单位应当建立健全合规管理制度，根据适用范围、效力层级等，构建分级分类的合规管理制度体系。合规管理制度体系包括基本制度、具体制度、专项指南、涉外专项制度。

相关规定检索

《中央企业合规管理办法》第十七条、第十八条

《中央企业合规管理指引（试行）》第十七条

《国家电网有限公司合规管理办法》第二十条、第二十一条

《国网四川省电力公司合规管理实施细则》第二十一条、第二十二条

37. 公司及各级单位的重点领域需建立哪些具体合规管理制度或专项指南以及专项管理制度?

答：因企业经营范围不同，导致企业所涉及的重点领域也有所不同。公司涉及的重点领域有安全环保、决策管理、投资并购、电网工程、采购管理、供电服务、调度交易、财务税收、劳动用工、知识产权、网络安全与数据管理、反垄断、反商业贿赂、关联交易、后勤管理等。

公司及各级单位针对各重点领域以及合规风险较高的业务，制定合规管理具体制度或专项指南。针对涉外业务重要领域，根据所在国家（地区）法律法规等，结合实际制定相关专项管理制度。

相关规定检索

《中央企业合规管理办法》第十八条

《国家电网有限公司合规管理办法》第十七条、第二十一条

《国网四川省电力公司合规管理实施细则》第十八条、第二十二条

38. 公司解决规则冲突机制是怎样的?

答：对于适用法律法规、监管规定之间的冲突，按照《中华人民共和国立法法》相关规定仍无法解决的，由业务及职能部门提请合规管理部门通过专题会商、请示汇报等途径解决。

对于内部规章制度，按照“基本制度效力高于具体制度，新规则效力高于旧规则，上级单位规章制度效力高于下级单位”的原则解决。同一单位不同部门针对同一事项制定的规章制度发生冲突时，由各部门协商解决；协商不成的，由本单位合规委员会研究决定。

相关规定检索

《国网四川省电力公司合规管理实施细则》第二十四条

39. 公司现行有效的合规管理制度文件有哪些？

答： 截至 2024 年 8 月，公司现行有效的合规管理制度文件见表 4-2。

表 4-2　公司现行有效合规管理制度及文件清单表

公司	名称	制度编号（文号）	施行时间
国家电网有限公司	国家电网有限公司国际业务合规管理实施办法	国网（外事 /3）1003-2020（指导）	2020 年 4 月 13 日
	国家电网有限公司重大决策合法合规性审核实施办法	国网（法 /2）858-2020（通用）	2020 年 10 月 20 日
	国家电网有限公司关于加强数据合规管理的指导意见	国家电网法〔2020〕740 号	2020 年 12 月 30 日
	国家电网有限公司“十四五”合规管理规划纲要	国家电网法〔2020〕818 号	2020 年 12 月 31 日
	国家电网有限公司合规行为准则（试行）	国家电网法〔2021〕84 号	2021 年 2 月 7 日

续表

公司	名称	制度编号（文号）	施行时间
国家电网有限公司	国家电网有限公司关于加强电力交易合规管理的指导意见	国家电网交易〔2021〕241号	2021年4月30日
	国家电网有限公司合规管理办法	国网（法/2）985-2023（指导）	2023年4月12日
	国家电网有限公司风险管理、内部控制与合规管理操作指南	国家电网财〔2023〕53号	2023年2月2日
	国家电网有限公司关于加强购销业务合规管理的通知	国家电网产业〔2023〕358号	2023年6月9日
	国家电网有限公司反垄断合规管理实施办法	国网（法/3）1036-2024（指导）	2024年1月9日
国网四川省电力公司	国网四川省电力公司合规管理考核评价办法	四川（法）A691-2021（指导）	2021年7月14日
	国网四川省电力公司合规风险信息管理办法	四川（法）A714-2021（指导）	2021年11月5日
	国网四川省电力公司关于进一步加强消防安全合规管理的通知	—	2023年3月7日
	国网四川省电力公司关于进一步加强公司后勤领域依法合规管理工作的通知	川电后勤〔2023〕7号	2023年3月13日
	国网四川省电力公司关于印发进一步加强生态环境保护依法合规管控体系建设意见的通知	川电建设〔2023〕118号	2023年4月20日
	国网四川省电力公司关于进一步加强人力资源合规管理的通知	川电人资〔2023〕25号	2023年4月24日
	国网四川省电力公司合规管理实施细则	四川（法）958.2-2023（指导）	2023年4月28日

第五章

合规管理的运行机制及内容

勿以恶小而为之，勿以善小而不为。

陈寿《三国志·蜀志传》

40. 合规委员会主任或其授权人员什么情况下可召集临时会议？

答：有以下三种情形之一的，合规委员会主任或其授权人员可召集临时会议：①首席合规官认为必要时；②发生较大级及以上违规事件时；③发生其他需提交合规委员会审议事项时。

相关规定检索

《国家电网有限公司合规管理办法》第二十五条

《国网四川省电力公司合规管理实施细则》第二十六条

41. 合规风险是什么？

答：合规风险，是指公司及其员工在经营管理过程中因违规行为引发法律责任、造成经济或声誉损失以及其他负面影响的可能性。

相关规定检索

《中央企业合规管理办法》第三条

《中央企业合规管理指引（试行）》第二条

《国家电网有限公司合规管理办法》第二条

《国网四川省电力公司合规管理实施细则》第二条

42. 公司合规风险按性质和影响程度分为哪几类?

答: 公司应当对合规风险进行定性、定量的分析，包括对合规风险发生可能性及合规风险出现后影响程度的分析，为合规风险应对提供支持。国家电网公司将合规风险按性质和影响程度分为一般合规风险、较大合规风险、重大合规风险、特大合规风险四类。

相关规定检索

《国家电网有限公司合规管理办法》第三十六条

《国网四川省电力公司合规管理实施细则》第二十七条

43. 公司一般合规风险是什么?

答: 可能引发一般安全生产事故，或可能引起公司面临一般行政处罚（如警告等），或可能造成 1000 万元以下直接经济损失，或在所在地范围内可能造成负面影响的合规风险。

相关规定检索

《国家电网有限公司合规管理办法》第三十六条

《国网四川省电力公司合规管理实施细则》第二十七条

44. 公司较大合规风险是什么?

答：可能引发较大安全生产事故，或可能引起公司面临较大行政处罚（如罚款、没收违法所得等），或可能造成1000万元及以上、5000万元以下直接经济损失，或在区域范围内可能造成较大负面影响的合规风险。

相关规定检索

《国家电网有限公司合规管理办法》第三十六条

《国网四川省电力公司合规管理实施细则》第二十七条

45. 公司重大合规风险是什么?

答：可能引发重大安全生产事故，或可能引起公司面临重大行政处罚（如责令停产停业等），或可能形成单位犯罪刑事案件；或可能被国际组织制裁，或可能造成5000万元及以上、1亿元以下直接经济损失，或在国家相关行业范围内可能造成重大负面影响的合规风险。

相关规定检索

《国家电网有限公司合规管理办法》第三十六条

《国网四川省电力公司合规管理实施细则》第二十七条

46. 公司特大合规风险是什么？

答：可能引发特别重大安全生产事故，或可能引起公司面临严重行政处罚（如吊销营业执照等），或可能造成 1 亿元及以上直接经济损失，或在全国乃至国际上可能造成严重负面影响的合规风险。

相关规定检索

《国家电网有限公司合规管理办法》第三十六条

《国网四川省电力公司合规管理实施细则》第二十七条

47. 公司合规风险信息是什么？

答：合规风险信息是指能客观、真实反映可能或已经因合规风险引发民事、行政、刑事法律责任、造成经济或声誉损失以及其他负面影响事件的信息。

相关规定检索

《国网四川省电力公司合规风险信息管理办法》第二条

48. 公司合规风险信息归口管理部门在风险信息全过程管理中履行的职责有哪些？

答：公司合规管理部门是合规风险信息归口管理部门，负责合规风险信息全过程管理，履行以下职责：

（1）拟定合规风险信息管理制度和流程。

（2）统计、分析和上报各单位合规风险信息。

（3）提出对各单位合规风险信息处置的拟办意见，并通报相关业务部门，督促整改。

（4）指导、评价、考核各单位合规风险信息管理工作。

（5）开展合规风险信息通报、约谈等工作。

相关规定检索

《国网四川省电力公司合规风险信息管理办法》第七条

49. 公司合规风险库的建设要求是什么？

答：合规管理部门在汇总梳理各业务及职能部门合规风险识别成果基础上，负责构建公司合规风险库。合规管理部门每一至三年组织修订完善公司合规风险库。

在合规管理部门指导下，各业务及职能部门按照风险发生的可能性、影响程度两个维度对本业务领域纳入风险库的合规风险进行评估，确定高、中、低三级风险。

相关规定检索

《国家电网有限公司合规管理办法》第二十七条、第二十八条

《国网四川省电力公司合规管理实施细则》第二十九条、第三十条

50. 公司合规底线清单管理的合规风险类型有哪些?

答：对于可能引发公司较大级及以上违规事件的合规风险，或可能导致公司承担严重法律责任、产生较大经济损失或较大负面影响的合规风险，应当纳入公司合规底线清单管理。

相关规定检索

《国网四川省电力公司合规管理实施细则》第三十一条

51. 公司应当发布风险预警通知书，出具合规风险提示书的情形是什么?

答：业务及职能部门在工作中发现具有趋势性、典型性、普遍性的合规风险，应当及时向各有关部门、单位发布合规风险预警通知书，由业务分管领导签发，并书面报合规管理部门备案。

合规管理部门认为有必要的，应当书面出具合规风险提示书。

相关规定检索

《中央企业合规管理办法》第二十条
《中央企业合规管理指引（试行）》第十八条
《国家电网有限公司合规管理办法》第三十条
《国网四川省电力公司合规管理实施细则》第三十二条

52. 公司合规风险信息报送流程是什么？

答： 常态化机制：公司各单位业务部门要按周查询、收集本单位合规风险信息，并及时将相关信息通报本单位合规管理部门。

涉嫌发生违规事件：应立即将事件基本情况逐级上报至公司业务主管部门及合规管理部门。

报送时间：2个工作日内报送：可能被认定为重大、特大违规事件的。3个工作日内报送：可能被认定为一般、较大违规事件的；政府监管部门作出行政处罚、人民法院作出裁决或造成经济或声誉损失以及其他负面影响的；违规事件报告上报后如出现提出上诉、行政复议或诉讼等新情况的。

相关规定检索

《国网四川省电力公司合规管理实施细则》第三十四条

《国网四川省电力公司合规风险信息管理办法》第十条、第十一条、第十二条、第十四条、第十五条

53. 公司合规风险的处置流程是什么？

各级单位合规管理部门收到同级业务部门事件信息后，应及时分析相关信息，提出合规对策建议，主动配合业务部门做好事件处置工作。

各级单位合规管理部门收到下级单位事件报告后，应及时核实、分析事件情况，形成拟办意见和建议，通报相关业务部门。

相关业务部门应及时制定、采取预防措施，将预防措施及其实施结果书面通报合规管理部门，指导下级单位做好应对处置工作。

如涉及信用修复的，各单位加强与行政处罚决定机关的沟通，按照信用修复管理的相关要求，及时提交信用修复申请，做出信用修复承诺，确保在公示期期满后及时撤下处罚信息。

各单位处置、整改完毕后，应于 10 个工作日内形成违规事件整改情况书面报告逐级上报至公司合规管理部门销号。

各单位如在当年发生 2 起及以上违规事件的，应于下一年度 1 月 15 日之前形成本单位年度违规事件分析报告，总结经验教训，提出提升本单位合规管理水平的整改措施，逐级上报至公司业务主管部门及合规管理部门。

相关规定检索

《国网四川省电力公司合规管理实施细则》第三十四条

《国网四川省电力公司合规风险信息管理办法》第十三条、第十六条、第十七条、第十九条

54. 公司重点环节业务提交决策或实施的合法合规性审查要求是什么？

答：业务及职能部门对承办的有关重要制度和重要文件制定、重大决策、重大合同订立等重点环节业务，在提交合规管理部门和合规监督部门共同进行合法合规性审核时，一并提交本部门合规管理员复核的书面合规审查意见。

重点环节业务未经合规审查、合规审核的，或审核不通过的，不得提交决策或实施。

相关规定检索

《中央企业合规管理指引（试行）》第十四条

《国家电网有限公司合规管理办法》第三十三条

《国网四川省电力公司合规管理实施细则》第三十六条

55. 公司合规审查由谁负责？

答：说到合规审查就不得不提及合规管理“三道防线”，每道防线都有自己相应的职责，而大部分合规风险防控职责都在业务部门身上，因为管业务必须管合规，为了提高合规审查效率和质效，对于复杂程度不同的事项也应有所侧重。

1. 普通事项合规审查

业务及职能部门负责对本业务领域的工作事项进行合规审查。

2. 重点环节业务合规审查

业务及职能部门对承办的有关重要制度制定和重大决策、重大合同订立等重点环节业务，开展合规审查后，应提交合规管理部门进行合法合规性审核。重点环节业务未经合规审查、审核的，或审核不通过的，不得提交决策或实施。

相关规定检索

《中央企业合规管理办法》第十三条、第十四条

《中央企业合规管理指引（试行）》第十一条

《国家电网有限公司合规管理办法》附件　合规审查、审核指引

《国网四川省电力公司合规管理实施细则》附件1　合规审查、审核指引：一、合规审查事项范围

56. 公司合规管理部门和合规管理监督部门对重点环节业务开展合规审核的主要内容是什么?

答: 对重点环节业务开展合规审核的主要内容是:①是否超出部门职责权限;②是否已经开展合规审查并通过,所提交的合规审查形式是否规范;③适用法律法规、相关政策及规章制度等依据是否准确;④是否与法律法规、相关政策及规章制度相一致;⑤是否符合合规定程序;⑥是否具有法律合规可操作性。

相关规定检索

《国家电网有限公司合规管理办法》第三十四条

《国网四川省电力公司合规管理实施细则》第三十七条

57. 重大决策事项的合规审查意见由谁签字?

答: 重大决策事项的合规审查意见应当由首席合规官签字,对决策事项的合规性提出明确意见。首席合规官对上述决策事项具有"一票否决权"。

首席合规官认为必要时,有权要求相关部门专题汇报决策事项。

相关规定检索

《国网四川省电力公司合规管理实施细则》第三十八条

58. 合规管理部门对业务及职能部门提交的重点环节业务开展合规审核，出具的意见有哪几种类型？

答：合规管理部门对业务及职能部门提交的重点环节业务开展合规审核，出具合规审核意见书类型分为无保留意见、有保留意见、否决性意见三种。

决策事项合法合规，经法律论证可行、程序适当的，出具无保留的合法合规性审核意见书；决策事项合法合规，但经法律论证缺乏可行性的；或程序不适当的；或决策事项部分合法合规，但经调整后合法合规的，出具保留的合法合规性审核意见书；决策事项不合法不合规的，出具否决性的合法合规性审核意见书。

相关规定检索

《国家电网有限公司合规管理办法》第三十四条

《国家电网有限公司重大决策合法合规性审核实施办法》第三十八条

59. 业务部门履行合规审查职责时，如何审查本业务领域工作事项是否按规定履行了必经程序？

答： 审查本业务领域工作事项是否按规定履行了必经程序时，需要从以下几方面进行审查：是否需进行合法合规性审核；是否按规定履行尽职调查、评估论证、征求意见、法律审核、向上级请示或报告，经上级批准批复等规定程序（如需）。

相关规定检索

《国家电网有限公司合规管理办法》附件　合规审查、审核指引：二、合规审查、审核职责

《国网四川省电力公司合规管理实施细则》附件 1　合规审查、审核指引：二、合规审查、审核职责（一）业务及职能部门合规审查职责

60. 业务部门履行合规审查职责时，如何审查本业务领域工作事项是否属于本部门及所在单位的权限？

答： 审查本业务领域工作事项是否属于本部门及所在单位的权限时，需要从以下几方面进行审查：是否符合本部门管理权限和本单位经营范围；是否超出《机构设置方案》规定的职责权限；职责内容等与其他业务部门及职能有无交叉、重复和矛盾之处等。

相关规定检索

《国家电网有限公司合规管理办法》附件　合规审查、审核指引：二、合规审查、审核职责

《国网四川省电力公司合规管理实施细则》附件 1　合规审查、审核指引：二、合规审查、审核职责（一）业务及职能部门合规审查职责

61. 合规管理部门对业务及职能部门提交的重点环节业务开展合规性审核，审核的内容有哪些？

答：审核的内容包括：

（1）是否已经开展合规审查并审查通过，主要包括：承办部门是否已按照要求开展合规审查并出具合规审查意见；是否按规定履行尽职调查、评估论证、征求意见、法律审核、向上级请示或者报告，经上级批准批复等规定程序（如需）。

（2）是否符合法律法规、相关政策、公司章程及规章制度规定，主要包括：是否符合行政法规、地方性法规、行政规章及其他规范性文件、国家最新政策要求，是否符合国家标准、行业标准、地方标准及企业标准，是否符合公司相关制度规定，是否符合国际或行业惯例等。涉及国际业务的，是否符合相应国家的法律法规、政策规定等。

（3）其他需要合规审核的内容。

相关规定检索

《国家电网有限公司合规管理办法》附件　合规审查、审核指引：二、合规审查、审核职责

《国网四川省电力公司合规管理实施细则》附件 1　合规审查、审核指引：二、合规审查、审核职责（二）合规管理部门合规审核职责

62. 公司各级单位合法合规性审查后评估机制是怎样的？

答：公司各级单位应当建立健全合法合规性审查后评估机制。业务及职能部门定期对法律建议落实情况开展后评估，并书面通报合规管理部门。合规管理部门重点对有保留、否决性审核事项整改情况进行跟踪、指导和督办。

相关规定检索

《国网四川省电力公司合规管理实施细则》第三十九条

63. 合规监督是什么？

答：合规监督分为综合监督和专业监督。

（1）综合监督。由合规管理监督部门负责组织开展，应当对

业务及职能部门和各单位合规管理工作进行监督，提出改进建议或要求，书面通报合规管理部门。

（2）专业监督。由各业务及职能部门结合自身实际组织开展，主要针对各单位业务工作的合规性进行监督。

合规监督可以单独实施，也可以与内部审计、业务检查等其他监督检查工作相结合。

对监督检查发现的问题，有关业务及职能部门和单位应当组织整改，并将整改情况反馈给合规管理监督部门和合规管理部门。

合规监督相关情况纳入公司合规管理年度报告。

相关规定检索

《国网四川省电力公司合规管理实施细则》第四十条

64. 公司违规事件是什么？

答：违规事件是指在公司经营管理或员工履职过程中因违规行为引发法律责任、造成经济或声誉损失以及其他负面影响的事件。

相关规定检索

《国家电网有限公司合规管理办法》第二条

《国网四川省电力公司合规管理实施细则》第二条

65. 公司违规事件按性质和影响程度分为哪几类？

答：根据《国网四川省电力公司合规管理实施细则》规定，公司违规事件按性质和影响程度可分为一般违规事件、较大违规事件、重大违规事件、特大违规事件四类。

相关规定检索

《国家电网有限公司合规管理办法》第三十七条

《国网四川省电力公司合规管理实施细则》第四十一条

66. 公司一般违规事件是什么？

答：引起公司面临一般行政处罚（如警告等），承担法律责任，或造成本单位1000万元以下直接经济损失的，或在所在地范围内造成负面影响的违规事件。

相关规定检索

《国家电网有限公司合规管理办法》第三十七条

《国网四川省电力公司合规管理实施细则》第四十一条

67. 公司一般违规事件处置程序是什么？

答： 业务及职能部门应当采取有效措施，及时应对处置，并通报合规管理部门。

一般违规事件应于 3 个工作日内报送至公司业务主管部门及合规管理部门，报送内容包括但不限于“事件时间、地点、单位、简要经过、原因的初步判断，对法律责任、经济、声誉损失及其他负面影响的初步估计和事件处置计划”。

各单位处置、整改完毕后，应于 10 个工作日内形成违规事件整改情况书面报告并逐级上报至公司合规管理部门销号。

相关规定检索

《中央企业合规管理办法》第二十二条

《国家电网有限公司合规管理办法》第三十八条

《国网四川省电力公司合规管理实施细则》第三十九条、第四十二条、第四十三条、第四十四条、第四十五条、第四十六条

《国网四川省电力公司合规风险信息管理办法》第十一条、第十二条、第十三条、第十四条、第十五条、第十六条、第十七条、第十八条、第十九条、第二十一条

68. 公司较大违规事件是什么？

答： 引起公司面临较大行政处罚（如罚款、没收违法所得等），承担法律责任，或造成本单位 1000 万元及以上、5000 万元以下直接经济损失的，或在区域范围内造成较大负面影响的违规事件。

相关规定检索

《国家电网有限公司合规管理办法》第三十七条

《国网四川省电力公司合规管理实施细则》第四十一条

69. 公司较大违规事件处置程序是什么？

答： 业务及职能部门应当立即向业务分管领导和首席合规官报告并通知合规管理部门，由业务及职能部门主导、合规管理部门配合，及时采取应对措施，化解风险。

较大违规事件应于3个工作日内报送至公司业务主管部门及合规管理部门，报送内容包括但不限于“事件时间、地点、单位、简要经过、原因的初步判断，对法律责任、经济、声誉损失及其他负面影响的初步估计和事件处置计划”。

各单位处置、整改完毕后，应于10个工作日内形成违规事件整改情况书面报告并逐级上报至公司合规管理部门销号。

相关规定检索

《中央企业合规管理办法》第二十二条

《国家电网有限公司合规管理办法》第三十八条

《国网四川省电力公司合规管理实施细则》第三十九条、第四十二条、第四十三条、第四十四条、第四十五条、第四十六条

《国网四川省电力公司合规风险信息管理办法》第十一条、

第十二条、第十三条、第十四条、第十五条、第十六条、第十七条、第十八条、第十九条、第二十一条

70. 公司重大违规事件是什么？

答：引起公司面临重大行政处罚（如责令停产停业等），承担法律责任，或形成单位犯罪刑事案件，或造成被国际组织制裁，或造成本单位5000万元及以上、1亿元以下直接经济损失的，或在国家相关行业范围内造成重大负面影响的违规事件。

相关规定检索

《国家电网有限公司合规管理办法》第三十七条

《国网四川省电力公司合规管理实施细则》第四十一条

71. 公司重大违规事件处置程序是什么？

答：业务及职能部门应当立即向业务分管领导、首席合规官和合规委员会正、副主任报告并通报合规管理部门。成立由业务分管领导牵头、首席合规官参与、业务及职能部门主导、合规管理部门参加的处置工作小组，及时采取应对措施，最大限度化解风险、降低损失。还应及时向董事会报告。

重大违规事件应于2个工作日内报送至省公司业务主管部门

及合规管理部门，报送内容包括但不限于“事件时间、地点、单位、简要经过、原因的初步判断，对法律责任、经济、声誉损失及其他负面影响的初步估计和事件处置计划”。

各单位处置、整改完毕后，应于10个工作日内形成违规事件整改情况书面报告逐级上报至公司合规管理部门销号。

发生重大合规风险事件，应当按照相关规定及时向国务院国资委报告。

相关规定检索

《中央企业合规管理办法》第二十二条

《国家电网有限公司合规管理办法》第三十八条

《国网四川省电力公司合规管理实施细则》第三十九条、第四十二条、第四十三条、第四十四条、第四十五条、第四十六条

《国网四川省电力公司合规风险信息管理办法》第十一条、第十二条、第十三条、第十四条、第十五条、第十六条、第十七条、第十八条、第十九条、第二十一条

72. 公司特大违规事件是什么？

答：引起公司面临严重行政处罚（如吊销营业执照等），承担法律责任，或引发公司总部承担刑事责任的案件，或造成公司1亿元及以上直接经济损失的，或在全国乃至国际上造成严重负面影响的违规事件。

相关规定检索

《国家电网有限公司合规管理办法》第三十七条

《国网四川省电力公司合规管理实施细则》第四十一条

73. 公司特大违规事件处置程序是什么?

答：发生特大违规事件，业务及职能部门应当立即向业务分管领导、首席合规官和合规委员会正、副主任报告并通报合规管理部门。由合规委员会主导处置事件。还应及时向董事会报告。

特大违规事件应于 2 个工作日内报送至公司业务主管部门及合规管理部门，报送内容包括但不限于“事件时间、地点、单位、简要经过、原因的初步判断，对法律责任、经济、声誉损失及其他负面影响的初步估计和事件处置计划”。

各单位处置、整改完毕后，应于 10 个工作日内形成违规事件整改情况书面报告逐级上报至公司合规管理部门销号。

相关规定检索

《中央企业合规管理办法》第二十二条

《国家电网有限公司合规管理办法》第三十八条

《国网四川省电力公司合规管理实施细则》第三十九条、第四十二条、第四十三条、第四十四条、第四十五条、第四十六条

《国网四川省电力公司合规风险信息管理办法》第十一条、

第十二条、第十三条、第十四条、第十五条、第十六条、第十七条、第十八条、第十九条、第二十一条

74. 公司发现涉嫌违反党纪事件或职务违法、职务犯罪事件的处置流程是什么？

答：发现涉嫌违反党纪事件或发现涉嫌职务违法、职务犯罪事件，按照公司纪律审查有关规定，由业务及职能部门与纪检机构处置会商，按程序移交纪检机构组织办理。

相关规定检索

《中央企业合规管理办法》第二十四条

《国家电网有限公司合规管理办法》第三十八条

《国网四川省电力公司合规管理实施细则》第四十二条

75. 对违规行为进行投诉和举报的渠道有哪些？

答：投诉和举报是一项重要的合规监督环节，对合规管理的持续健康发展具有重要意义。各单位、部门可以利用95598、纪检监察、信访、客服、安监、巡视巡察等渠道，以及设立违规举报

平台，公布投诉、举报电话、邮箱或者信箱等方式，接受公司内外部违规行为投诉、举报。

相关规定检索

《中央企业合规管理办法》第二十四条

《中央企业合规管理指引（试行）》第二十一条

《国家电网有限公司合规管理办法》第三十九条

《国家电网有限公司合规行为准则（试行）》第 8.2.3 条

《国网四川省电力公司合规管理实施细则》第四十三条

76. 如何对待投诉举报人？

答： 公司应采取措施保护举报人，对举报人的身份和举报事项严格保密。任何单位和个人不得以任何形式对举报人进行打击报复。

相关规定检索

《中央企业合规管理办法》第二十四条

《国家电网有限公司合规管理办法》第三十九条

《国网四川省电力公司合规管理实施细则》第四十四条

77. 举报人恶意捏造、伪造事实诬告陷害他人的后果是什么?

答：举报人不得恶意捏造、伪造事实诬告陷害他人。对故意诬告陷害他人的，应当依照有关规定严肃处理；涉嫌犯罪的，移送司法机关依法处理。对因事实了解不全面而发生错告的，应当查清事实并在一定范围内澄清是非，消除对被错告者造成的影响，并教育错告者。

相关规定检索

《国网四川省电力公司合规管理实施细则》第四十五条

78. 业务及职能部门在接到违规举报或发现违规事件时应该如何处理?

答：业务及职能部门作为合规管理的第一道防线，在接到违规举报或发现违规事件时，应就举报事项或违规行为进行调查，并组织相关专家对违规举报的原因及调查结果进行全面了解。并且，对于外部合规调查，应按照国家有关规定做好问询回复、迎检等准备工作，将最终调查结果按照相关规定报告业务分管领导并通报合规管理部门。

相关规定检索

《中央企业合规管理办法》第二十五条

《国家电网有限公司合规管理办法》第四十条、第四十一条

《国网四川省电力公司合规管理实施细则》第四十七条

79. 公司发生或涉嫌发生较大及以上违规事件时，合规管理部门应该怎么做？

答：公司发生或涉嫌发生较大及以上违规事件时，合规管理部门可以聘请第三方机构或组织相关专家开展合规尽职调查，出具书面调查报告，作为追究违规单位和人员责任的依据。

相关规定检索

《国家电网有限公司合规管理办法》第四十一条

《国网四川省电力公司合规管理实施细则》第四十七条

80. 各级单位追究违规单位或个人责任时的原则是什么？

答：各级单位追究违规单位或个人责任时应以事实为依据，按照过罚相当的原则，充分考虑其主观过错程度、违规行为的性质、情节及对公司造成的损害程度等因素。

对违规单位或个人，应当按照公司有关制度，分别由各相关部门负责追究问责。发生较大及以上违规事件的，由合规管理部门协助有关部门落实追责。

相关规定检索

《国网四川省电力公司合规管理实施细则》第四十八条、五十三条

81. 公司违规事件约谈机制是怎样的？

答：公司建立违规事件约谈机制，发生重大、特大违规事件，由公司合规管理部门约谈地市公司级单位重要负责人，发生一般、较大违规事件或发生2次以上违反信息上报规定的，由公司合规管理部门负责人约谈市公司级单位业务分管负责人。

相关规定检索

《国网四川省电力公司合规管理实施细则》第四十九条

《国网四川省电力公司合规风险信息管理办法》第二十一条

82. 公司违规事件整改机制是怎样的？

答：公司建立健全违规事件整改机制。各单位处置、整改完

毕后，应于10个工作日内形成违规事件整改情况书面报告，并附整改佐证材料逐级上报至公司合规管理部门销号。

违规事件书面整改报告，需经本单位合规委员会审议，主要负责人签字并加盖单位公章。

相关规定检索

《国网四川省电力公司合规管理实施细则》第五十条

83. 违规事件整改机制对违规事件整改销号的要求是什么？

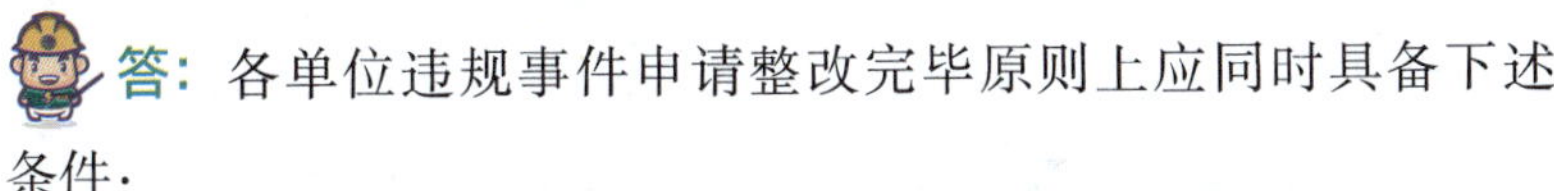

答： 各单位违规事件申请整改完毕原则上应同时具备下述条件：

（1）行政处罚、外部责任等已履行、落实完毕。

（2）如有责任单位或个人，追责已明确完毕。

（3）信用信息已完成修复或事件相关负面影响已消除。

（4）取得整改治理成效，包括但不限于修订完善制度或管理流程、开展相关合规培训、建立健全长效机制等。

各单位违规事件整改虽不能同时具备前款所列条件，但有上级合规管理部门认为已整改完毕的其他情形，也可视为整改完毕。

公司合规委员会办公室定期汇总违规问题整改情况，并将销号情况反馈违规事件主管部门。对未通过销号的问题，相关业务及职能部门应指导、督促违规单位完成整改。

相关规定检索

《中央企业合规管理办法》第二十三条

《国家电网有限公司合规管理办法》第四十二条

《国网四川省电力公司合规管理实施细则》第五十一条、五十二条

84. 公司监督部门的协同监督机制是怎样的?

答: 公司各级单位应建立法律合规与纪检机构、审计、巡察、监督追责等部门协同机制。各监督部门按季度向合规管理部门共享监督过程中发现的违规问题。

相关规定检索

《国网四川省电力公司合规管理实施细则》第五十四条

85. 公司的合规管理有效性评价由谁负责?

答: 公司董事会负责推动完善公司合规管理体系并对其有效性进行评价。

合规管理有效性评价由业务及职能部门和合规管理部门负责

开展。业务及职能部门负责本业务领域合规管理工作的有效性评价，合规管理部门负责公司合规管理体系运行的有效性评价。

相关规定检索

《国家电网有限公司合规管理办法》第六条、第十三条、第四十六条

《国网四川省电力公司合规管理实施细则》第六条、第十四条、第五十五条

86. 合规管理评价发现的问题应该如何处理？

答： 各部门、各单位应当对合规评价发现的问题及时改正，应当根据相关监管要求及时改进完善合规管理体系，提高合规管理水平。

相关规定检索

《中央企业合规管理办法》第二十七条

《中央企业合规管理指引（试行）》第二十二条

《国家电网有限公司合规管理办法》第四十七条

《国网四川省电力公司合规管理实施细则》第五十六条

87. 公司合规管理年度报告应该包括哪些内容?

答：合规管理年报应该包括以下内容：①合规管理体系构建和运行情况；②合规管理工作开展及监督情况；③合规培训及合规承诺情况；④合规风险应对及违规事件处置情况；⑤合规管理存在的困难和问题；⑥下一年度合规管理重点工作建议；⑦其他需要报告的事项。

相关规定检索

《国家电网有限公司合规管理办法》第四十九条

《国网四川省电力公司合规管理实施细则》第五十七条

88. 公司各单位合规管理年度报告于什么时候报送？报送流程是什么？

答：各单位合规管理年度报告应于下一年度 1 月 15 日前经合规委员会审议批准后报公司合规委员会办公室备案。

合规管理年度报告需经合规委员会审议、董事会批准后，报送上级单位。

相关规定检索

《国家电网有限公司合规管理办法》第四十九条

《国网四川省电力公司合规管理实施细则》第五十七条

第六章

合规文化

文化不能从上向下压，
因为它应该是从下面高涨起来的。
里德

人是文化的创造者，也是文化的宗旨。
高尔基

文化就是指一切给精神以力量的东西。
爱默生

89. 合规文化是什么？

答：合规文化是合规管理的灵魂，是贯穿整个企业的价值观、道德规范和信念，与企业的治理结构和内控体系相互作用，产生有利于合规管理取得实效的行为准则，包含合规理念、合规价值观、合规行为等多方面内容。

90. 合规文化建设一般采取哪些方式？

公司合规文化建设的主要目的是牢固树立“人人合规”理念；落实“事事合规”要求；促进“时时合规”；实现“处处合规”；促进合规文化内化于心，外化于行。合规文化建设一般采取以下方式：①将合规管理纳入党委（党组）法治专题学习；②将合规管理培训纳入年度培训计划，并组织全员合规培训；③加强合规宣传教育；④发布合规手册；⑤组织签订合规承诺书。

相关规定检索

《中央企业合规管理办法》第二十九条、第三十条、第三十一条

《中央企业合规管理指引（试行）》第三十二条

《国家电网有限公司合规管理办法》第五十条、第五十一条、第五十二条、第五十三条及第五十四条

《国网四川省电力公司合规管理实施细则》第五十八条

91. 合规培训的重点人员包含哪些？

答：合规培训的重点人员包括各级领导班子成员、管理人员、重要风险岗位人员、新入职人员、境外人员。主要目的是通过培训促进领导人员带头依法依规开展经营管理活动，使重要风险岗位人员和新进人员熟悉并严格遵守业务涉及的各项规定，确保境外人员履职过程中遵守我国和所在国法律法规等相关规定。

相关规定检索

《中央企业合规管理办法》第三十条

《中央企业合规管理指引（试行）》第十五条

《国家电网有限公司合规管理办法》第五十三条

《国网四川省电力公司合规管理实施细则》第六十一条

92. 员工应该如何践行合规文化？

答：作为一般员工应该自觉践行合规理念，遵守合规要求，接受合规培训，对自身行为合规性负责，让合规理念和意识入眼、入耳、入脑、入心、入行动，将其渗透到员工的血液中，渗透到自身工作岗位、业务流程，强化“违规必究”的警示意识，在开展日常经营中能够遵循国家法律法规、监管规定、行业准则、社会公德及公司内部规章制度，为培育具有公司特色的合规文化贡献力量。

相关规定检索

《中央企业合规管理办法》第三十二条

第七章

合规管理保障

工欲善其事，必先利其器。

《论语》

没有信息化就没有现代化。

习近平在中央网络安全和信息化领导小组第一次会议上的讲话

全面推进依法治国，建设一支德才兼备的高素质法治队伍至关重要。

习近平在中共十八届四中全会第二次全体会议上的讲话

93. 应当从哪些方面保障合规管理工作有序开展？

答： 中央企业应当在机构、人员、经费、技术等方面为合规管理工作提供必要条件，保障相关工作有序开展。

相关规定检索

《中央企业合规管理办法》第六条

94. 如何加强公司合规管理人才队伍建设？

答： 合规管理队伍应是专业化、高素质的，同时还要满足公司发展需要。公司各单位应配备与经营规模、业务范围、风险水平相适应的专（兼）职合规管理人员，加强业务培训，提升专业化水平。

相关规定检索

《国网四川省电力公司合规管理实施细则》第六十五条、第六十七条

95. 公司合规管理信息化建设工作怎么开展？

答：信息化可以极大提高企业合规工作的效率，包括各业务部门执行合规流程的效率，以及合规管理部门一站式把握合规程序的效率。中央企业应当加强合规管理信息化建设，结合实际将合规制度、典型案例、合规培训、违规行为记录等纳入信息系统。应当定期梳理业务流程，查找合规风险点，运用信息化手段将合规要求和防控措施嵌入流程，针对关键节点加强合规审查，强化过程管控。公司法律部、数字化部负责牵头推进合规管理信息化建设。公司鼓励各单位开展合规管理信息化创新试点，积极推广信息化典型经验。

相关规定检索

《中央企业合规管理办法》第三十三条、第三十四条

《国家电网有限公司合规管理办法》第五十七条

《国网四川省电力公司合规管理实施细则》第六十三条、第六十四条

第八章

奖惩与考核

96. 如何对公司合规管理工作进行考核评价？

答：公司将合规经营管理情况纳入对各部门、各单位企业负责人的年度业绩考核，由公司合规委员会提出考核意见建议，提交公司进行绩效考核。

公司各级单位应当建立经营管理和员工履职违规行为记录制度，将违规行为性质、发生次数、危害程度等作为员工考核、干部任用、单位（部门）评先等工作重要依据。

相关规定检索

《中央企业合规管理指引（试行）》第二十三条

《国家电网有限公司合规管理办法》第五十九条

《国网四川省电力公司合规管理实施细则》第六十九条

97. 公司合规管理奖惩机制如何体现？

答：单位或员工在经营管理过程中有以下情形的，应当在绩效考评中予以体现。

（1）开展合规审查，排除重大风险，为公司挽回重大经济损失的。

（2）制止违规违法行为，对维护正常生产秩序和工作秩序有突出贡献的。

（3）处置违规事件和承担专项重要工作中作出显著成绩和贡献的。

（4）在合规管理专业的技能竞赛、劳动竞赛、知识竞赛中获得省公司及以上荣誉的。

（5）合规文化建设成果显著，获得省级内外部媒体播报，对提升公司形象起到重要作用的。

（6）其他应给予奖励的。

相关规定检索

《国网四川省电力公司合规管理实施细则》第七十条

98. 什么情况下，公司在追责职权范围内可以对相关单位、部门减轻或免除责任？

答：因员工严重违规，需要追究相关单位、部门违规责任的，如该单位、部门同时具备以下条件，可以在公司对其追责职权范围内减轻或免除责任。

（1）已经构建完善的合规管理体系，并且按照本细则规定尽职履行了合规审查、监督、检查和报告等职责。

（2）已经组织员工签订了合规承诺书。

（3）已经按规定要求对员工进行了合规教育培训，并且具有完备的合规培训证明材料。

（4）研究落实合规管理相关要求。

相关规定检索

《国网四川省电力公司合规管理实施细则》第七十一条

99. 哪些属于应当从重追究责任的情形?

答：有关单位或人员有下列情况之一的，上级单位可以对其从重追究相关责任。

（1）迟报、瞒报、谎报违规事件的。

（2）干扰、躲避、阻碍、拒绝事件调查的或销毁拒绝提供有关情况和资料的。

（3）事件发生后不立即组织调查、处理或处置不当造成损失扩大的。

（4）打击、报复、陷害举报人的。

（5）其他需要从重处罚的情形。

相关规定检索

《国网四川省电力公司合规管理实施细则》第七十三条

100. 公司如何开展违规行为纠错?

答：公司建立纠错机制，对存在过错或失误的单位或员工，

应当采取以下程序实施纠错。

（1）启动纠错。经理层在作出违规考核决定的同时，一并启动纠错程序。

（2）发送通知。向纠错对象发送纠错通知书，说明纠错事由，提出纠错要求，责成纠错对象限期提出书面整改措施。

（3）督促整改。采取适当方式，跟踪了解纠错对象的整改情况，督促其限期改正。对整改不力、不良影响继续蔓延的，根据情节轻重给予批评教育、诫勉谈话等组织处理，并责令限期整改。对拒不整改、造成严重后果的，按照有关规定给予纪律处分。

（4）完善制度。在督促纠错对象整改的同时，督促有关单位和部门认真分析原因，深刻吸取教训，完善制度，健全机制，堵塞漏洞。

相关规定检索

《国网四川省电力公司合规管理实施细则》第七十四条

后记

为深入贯彻落实国务院国资委“合规管理是企业防控一切经营风险的源头，是一件‘必须要做，并且一定要做好’的事”的相关要求，紧紧围绕国家电网公司“一业为主、四翼齐飞、全要素发力”的总体布局，加快建设完备的五大法治体系，提升五大法治能力，国网四川省电力公司法律合规部特组织开展本手册的编写工作。

编写过程得到国家电网公司法律合规部的大力支持，抽调国网四川省电力公司自贡供电公司、国网四川省电力公司雅安供电公司、国网四川省电力公司凉山供电公司、国网四川省电力公司宜宾供电公司、国网四川省电力公司广元供电公司、国网四川省电力公司遂宁供电公司、国网四川省电力公司巴中供电公司、国网四川省电力公司甘孜供电公司、国网四川省电力公司绵阳供电公司、国网四川省电力公司南充供电公司、国网四川省电力公司特高压直流中心、国网四川省电力公司超高压分公司和国网四川电力送变电建设有限公司等单位骨干力量参与编写。历经调查研究、梳理分析、初步审核、征求意见和定稿审核 5 个阶段，召开 7 次专业审查会，经过 15 次交叉审核，历时 8 个月最终完成编写工作。

限于编者水平，疏漏之处在所难免，恳请各位专家和读者提出宝贵的意见。